Vorpommern

VORPOMMERN

Deutschlands Sonnendeck

Bernd Siegmund [Text] | Thomas Grundner [Fotos]

HINSTORFF

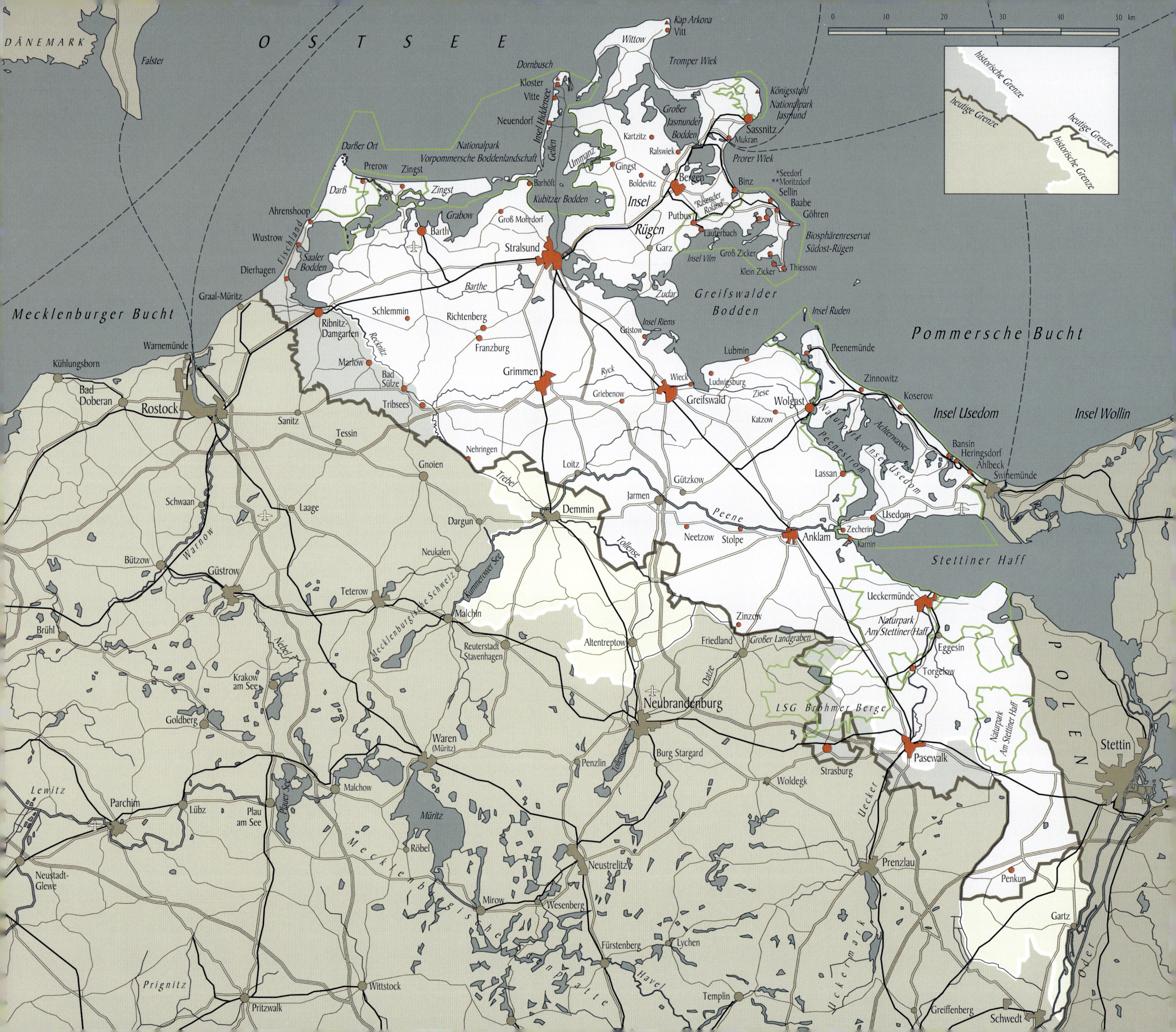

DÄNEMARK
Falster
O S T S E E
0 10 20 30 40 50 km
historische Grenze
heutige Grenze
heutige Grenze
historische Grenze
historische Grenze
Kap Arkona
Vitt
Wittow
Tromper Wiek
Dornbusch
Kloster
Vitte
Neuendorf
Insel Hiddensee
Gellen
Königsstuhl
Nationalpark
Jasmund
Großer
Jasmunder
Bodden
Sassnitz
Mukran
Kartzitz
Ralswiek
Prorer Wiek
Nationalpark
Vorpommersche Boddenlandschaft
Darßer Ort
Prerow
Zingst
Zingst
Darß
Ummanz
Barhöft
Kubitzer Bodden
Gingst
Boldevitz
Bergen
Binz
*Seedorf
**Moritzdorf
Sellin
Baabe
Göhren
"Rasender Roland"
Insel
Rügen
Putbus
Lauterbach
Biosphärenreservat
Südost-Rügen
Groß Zicker
Klein Zicker
Thiessow
Insel Vilm
Garz
Ahrenshoop
Grabow
Groß Mohrdorf
Barth
Wustrow
Fischland
Saaler
Bodden
Dierhagen
Stralsund
Zudar
Greifswalder
Bodden
Insel Ruden
Barthe
Graal-Müritz
Mecklenburger Bucht
Schlemmin
Richtenberg
Ribnitz-
Damgarten
Recknitz
Franzburg
Insel Riems
Gristow
Lubmin
Peenemünde
Pommersche Bucht
Warnemünde
Marlow
Bad
Sülze
Grimmen
Ryck
Wieck
Ludwigsburg
Zinnowitz
Kühlungsborn
Tribsees
Griebenow
Greifswald
Ziese
Wolgast
Koserow
Bad
Doberan
Rostock
Sanitz
Katzow
Insel Usedom
Insel Wollin
Tessin
Naturpark
Peenestrom
Achterwasser
Insel Usedom
Bansin
Heringsdorf
Ahlbeck
Swinemünde
Nehringen
Gnoien
Loitz
Trebel
Gützkow
Lassan
Schwaan
Laage
Jarmen
Demmin
Dargun
Peene
Usedom
Warnow
Neetzow
Stolpe
Anklam
Zecherin
Karnin
Tollense
Neukalen
Bützow
Güstrow
Kummerower See
Stettiner Haff
Teterow
Mecklenburgische Schweiz
Ueckermünde
Naturpark
Am Stettiner Haff
Malchin
Zinzow
Brühl
Nebel
Reuterstadt
Stavenhagen
Altentreptow
Friedland
Großer Landgraben
Eggesin
Torgelow
Krakow
am See
Datze
LSG Brohmer Berge
Naturpark
Am Stettiner Haff
P O L E N
Goldberg
Neubrandenburg
Waren
(Müritz)
Stettin
Burg Stargard
Penzlin
Tollensesee
Strasburg
Pasewalk
Lewitz
Malchow
Woldegk
Parchim
Lübz
Plauer See
Plau
am See
Müritz
Uecker
Röbel
Mecklenburgische Seenplatte
Neustadt-
Glewe
Neustrelitz
Prenzlau
Penkun
Mirow
Wesenberg
Gartz
Fürstenberg
Lychen
Uckermark
Havel
Oder
Prignitz
Wittstock
Templin
Pritzwalk
Greiffenberg
Schwedt

Obwohl nur noch wenige Reste vom Kloster Eldena bei Greifswald stehen, geht ein geheimnisvoller Zauber von der berühmten Ruine aus. Wie oft hat Caspar David Friedrich (1774 – 1840) hier gestanden und Skizzen aufs Papier gebannt. Schon früh rückten die düsteren, von hohen Bäumen gesäumten Steinreste ins Zentrum seines Schaffens. Immer wieder malte er das Motiv, versetzte das rotbraune Backsteingemäuer sogar von Greifswald in die Bergwelt des Riesengebirges. Eldena wurde für eine ganze Generation zum Symbol für Wachsen und Vergehen.

Nachts, wenn der bleiche Mond auf die Trümmer des Klosters scheint, beginnen die Mauern zu leben. Schatten huschen umher, das kalte Licht spielt mit den leeren Fensteraugen und streichelt die Reste der frommen Einsiedelei, die Zisterziensermönche ab dem Jahr 1199 hier errichtet haben. Die Tapfersten unter ihnen waren ins tiefe Dickicht des Waldes vorgedrungen, um einen passenden Platz für den gottgefälligen Bau zu finden. Mutig streiften sie durch die Dunkelheit und kamen an eine Lichtung, auf der eine uralte Eiche stand. Der heilige Baum der Pommern. Darauf saß ein Greif von seltsamer Gestalt. Er hatte Kopf und Flügel wie ein Adler. Sein Leib aber und der Schwanz, die waren geformt wie bei einem Löwen. Als das Tier die Männer sah, stieg es hoch in die Lüfte, kreiste einige Male über der Lichtung und flog davon. Da erkannten die Mönche, dass Gott ihnen ein Zeichen gesandt hatte. Hier sollten sie ihr Kloster errichten. Und so geschah es auch. Bald schon wuchs um die „Abtei im Eichwald“ eine Stadt, die sich Greifswald nannte – und bis in unsere Tage hinein blüht und gedeiht.

Dem Greif aber, dem wurde eine besondere Ehre zuteil. Er landete als Wappentier auf der Ritterrüstung von Bogislaw dem Ersten, Urahn der Herzogsfamilie aus dem Geschlecht der Greifen, die über 14 Generationen hinweg die Geschicke der Pommern bestimmte. Und wenn der letzte Bogislaw nicht 1637 gestorben wäre, dann lebte er heute noch. Wie der Greif, der bei der Landesregierung von Mecklenburg-Vorpommern untergekommen ist. Zusammen mit dem gekrönten mecklenburgischen Stierkopf bestückt er als grafisches Element das offizielle Landeswappen.

Land und Leute

Ein scharfer Wind hat die Wolken der Nacht vertrieben. Nun strahlt die Morgensonne hell über Vorpommern und der Himmel ist wie blank geputzt. Derart viel Weitsicht hätten sich die Menschen im Nordosten Deutschlands gewünscht, als es 1990 in den spannenden Zeiten der Wende darum ging, die neuen Länder in die alten zu integrieren. Und so mancher hatte gehofft, Vorpommern würde ein selbstständiges Bundesland werden. Mit Ministerpräsident, mit eigener Hauptstadt, mit allem Drum und Dran. Warum auch nicht? Schließlich war man über tausend Jahre kraftvoll durch die Zeit geschritten, hatte das einst von slawischen Heiden bewohnte Land für die deutsche Krone erobert, es urbar gemacht und christianisiert.

Noch heute erinnert ein Denkmal auf Usedom an die Pfingsttage des Jahres 1128. Mutig hatte Bischof Otto von Bamberg, vom regierenden Herzog Wartislaw I. um Hilfe gebeten, in der gottlosen Ferne das Kreuz des Christentums errichtet. Gütig begrüßte er die heidnischen Fürsten vom Stamme der Lutizier – und versöhnte sie durch das Auflegen seiner Hand mit der Römischen Kirche. Sozusagen im Handstreich machte er – o Wunder – aus Heiden Christen. Da hatten sich die Gottlosen nun ihr Leben lang mit Erfolg gegen schwedische Piraten und dänische Plünderer zur Wehr gesetzt, der Überzeugungstat eines deutschen Bischofs aber waren sie nicht gewachsen. Blieb noch das „gemeine Volk". Otto fertigte es als Masse ab. Bis zu „dreitausend Stück" taufte er auf einen Streich.

Was danach folgte, war eroberungstechnische Routine. Zisterzienser und Prämonstratenser nahmen das Land in Besitz, gründeten Klöster in Eldena, Grobe, Hiddensee und Stolpe. Taufen wurden vollzogen, heidnische Kultstätten zerstört, Biere gebraut, Kirchen errichtet. Zielstrebig begann die Erschließung des jungfräulichen Landes durch deutsche Siedler. Man rodete Wälder, kultivierte den Boden, legte Kolonistendörfer an. Die neuen Landwirte bemühten sich nach Leibeskräften, der Scholle Gewinn abzuringen. Auch Handwerker und Kaufleute kamen ins Land, siedelten an Handelswegen und schiffbaren Flüssen, Zünfte organisierten sich, Wirtshäuser entstanden, Badestuben, Bordelle, der Aufschwung begann. Allein zwischen 1234 und 1299 wurden 34 Städte gegründet, Stralsund, Wolgast, Kolberg, Greifswald erhielten Lübisches Recht, Stettin, Pasewalk oder Ueckermünde lebten nach Magdeburger Façon.

Die wichtigsten Lebensdaten Pommerns, zu einer Kurzgeschichte zusammengefasst, lesen sich so: In grauer Vorzeit „gehörte" das Land zwischen Oder und Weichsel den Germanen vom Stamm der Rugier. Ihnen auf dem Fuß folgten im Rahmen der Völkerwanderung Slawen, die ihre Heimat „Po morje" nannten, Land am Meer. Mit Wartislaw, dem ersten Herzog aus dem Geschlecht der Greifen, begann um 1120 die Geschichte Pommerns. Ein Schlaganfall des vierzehnten Bogislaws beendete 1637 – wie bereits kurz erwähnt – die Ära der Greifenherzöge, von denen es 14 Bogislawe, 12 Barnime, 10 Wartislawe und 9 Kasimire gab. Die fünfhundert Jahre dazwischen waren angefüllt mit kleinen und größeren Kriegen, Erbfolgestreitigkeiten, Zweckehen, Stadtbränden, Pest und Cholera, der Reformation des Doktor Martin Luther, der Gründung der Universität Greifswald (1456), der Teilung des Landes in Pommern-Wolgast und Pommern-Stettin (1532), dem Nordischen Krieg (1563/70), der Gründung einer herzoglichen Druckerei in Barth (1582), dem Dreißigjährigen Krieg (1618–1648), der Not und Elend ins Land brachte, und vielem anderen mehr. Der Westfälische Frieden, der den Dreißigjährigen Krieg beendete, teilte das Land. Brandenburg erhielt Hinterpommern, Vorpommern ging an Schweden. 1815 endlich, auf dem Wiener Kongress, kam das gesamte „Anwesen" per Dekret am grünen Tisch zu Preußen. Hurra! 1824 wurde die Allgemeine Schulpflicht eingeführt, 1843 die Eisenbahnlinie Berlin–Stettin eröffnet, 1914 begann der Erste Weltkrieg, 1939 der Zweite, 1945 kam das dicke Ende. Die Rote Armee besetzte Pommern. Alles Weitere ist bekannt. Nein wirklich, Vorpommern hätte ein selbstständiges Bundesland verdient.

Aber leider endete die Sehnsucht nach den eigenen vier Wänden trotz einiger Proteste der Bevölkerung und manch leidenschaftlichen Schwenkens blau-weißer Pommernfähnchen im Nichts. Die letzte Volkskammer der DDR beschloss am 22. Juli 1990 im Ländereinführungsgesetz neben der Auflösung der konturlosen Bezirke (Neubrandenburg, Schwerin und Rostock) die Wiedergeburt des Landes Mecklenburg-Vorpommern in den Grenzen von 1945 bis 1952. Damit war das letzte Wort gesprochen.

Seither marschieren beide Landeshälften Seite an Seite durch die Welt. Sozusagen als Paketlösung, für die auch mathematisch gesehen einiges spricht, da die Zahl Eins, mit sich selbst multipliziert, immer wieder nur Eins ergibt. Erst die Zwei ist fruchtbar, vervielfacht Wissen, Können und die Fertigkeiten der Menschen. Und die sind ja bekanntlich das größte Kapital eines Landes. Vorpommern hat zirka 475 000 davon. Fleißige und

▲ Die Klosterruine Eldena wurde durch die Gemälde Caspar David Friedrichs weltberühmt.

▲ Vorpommern – keineswegs nur ein Agrar- und Tourismusland. Die Eisengießerei Torgelow ist Beispiel für die industriellen Betriebe, die sich auf dem Weltmarkt behaupten.

faule, männliche, weibliche, freundliche, gesunde, kranke, junge, alte, zuweilen dumpfe, meist kluge und längst verblichene wie Peter Kreeft (1739–1811) aus Barth, der den Taucheranzug erfand, Karl Wilhelm Scheele (1742–1786) aus Stralsund, der 1771 entdeckte, welche Konsistenz das Unsichtbare hat, das wir Sauerstoff nennen, Christian Albert Theodor Billroth (1829–1894) aus Bergen, der die moderne Bauchchirurgie begründete, oder Otto Lilienthal (1848–1896), den „pommerschen Ikarus" aus Anklam, der so tragisch vom Himmel fiel.

Und dann gibt es Menschen wie du und ich, die Spaß daran haben, zu leben, zu arbeiten, zu denken, zu forschen. Ein solches Potenzial kann die Wirtschaft einer Region gut brauchen, von der alle Welt behauptet, sie würde nur Sonnenschein verkaufen. Das stimmt nicht, obwohl Vorpommern laut Messungen des Deutschen Wetterdienstes mit über 1900 Sonnenstunden pro Jahr tatsächlich das Sonnendeck Deutschlands ist. Das Land lebte aber nie von seinen Urlaubsgästen allein. Immer schon wurde hart gearbeitet. Auf den Feldern, auf den Fischkuttern, in den Werften. Nun aber ist Vorpommern dabei, das gute alte Rollenspiel zu verändern, mehr aus dem Land am Meer zu machen. Es wird kräftig in die Zukunft investiert. In Windparks und andere innovative Energieanlagen, in die Ernährungsgüterwirtschaft, die Gesundheitswirtschaft nebst Wellness-Parks, in intelligente Biotechnologien und maritime Wirtschaftszweige. Made in Vorpommern klingt gut.

Natürlich wird die Landwirtschaft immer eine erste Geige spielen. 170 000 Rinder, 956 000 Tonnen Getreide, 350 000 Tonnen Milch pro Jahr, über Jahrhunderte hatte die Arbeit auf den Feldern maßgeblichen Anteil am Lebensunterhalt der Bevölkerung. Anfang des 20. Jahrhunderts galt der Landstrich sogar als Kornkammer Deutschlands, beinahe jedes größere Dorf besaß eine eigene Windmühle, etwa hundert von ihnen erinnern heute noch an diese fruchtbare Zeit.

Das Zauberwort der Gegenwart heißt Wissenschaft. Geforscht und nachgedacht wird nicht nur an der Ernst-Moritz-Arndt-Universität Greifswald, an der Fachhochschule Stralsund, am Leibniz-Institut für Plasmaforschung und Technologie (INP Greifswald), am Forschungszentrum Sensorik Greifswald, am Max-Planck-Teilinstitut für Plasmaphysik Greifswald oder im BioTechnikum Greifswald, nachgedacht wird überall. Auch in der Universitätsmedizin Greifswald und dem HANSE-Klinikum Stralsund – größte Arbeitgeber Vorpommerns. Desgleichen in der Eisengießerei Torgelow, die den größten Windkraftanlagenbauern der Welt zuarbeitet, am Industrie- und Technologiestandort Lubminer Heide, in den Betrieben und Werkhallen von Anklam, Barth, Pasewalk, Ribnitz-Damgarten, auf der Volkswerft in Stralsund oder der Peene-Werft in Wolgast.

Und was ist mit der guten alten Tourismusbranche?

Auch über sie wird nachgedacht. Viel Geld wurde in den letzten zwanzig Jahren in die touristische Infrastruktur investiert, in erstklassige Hotels, Strandpromenaden, Radwanderwege, Sportboothäfen, attraktive Museen wie das Ozeaneum in Stralsund oder in kulturelle Höhepunkte wie die *Störtebeker-Festspiele* auf Rügen respektive die zahlreichen Aufführungen des Theaters Vorpommern. Über fünf Milliarden Euro werden so jährlich im ganzen Land „eingespielt". Um diesen Geldsegen in Vorpommern zu halten, hört man immer wieder das Wort von der Erhöhung der Qualität. Vielleicht ist das ja der Grund, warum neuerdings Hotel-Mitarbeiter und solche aus dem Dienstleistungssektor u.a. in einer Kunst unterrichtet werden, die vom Aussterben bedroht ist: der, Gedanken zu lesen. Nämlich die des Gastes.

Die fünf Milliarden Euro werden übrigens gemeinsam von Mecklenburg und Vorpommern erwirtschaftet. Müssen also brüderlich geteilt werden. Doch was heißt schon brüderlich in einer derartigen Ehe? Mecklenburg ist ja gut zweimal so groß wie Vorpommern. Und gab es da nicht im Vorfeld der Heirat einige Querelen? Wie war das doch gleich, richtig …

Während Mecklenburg körperlich unversehrt in die Vernunftsehe eintrat, war von der pommerschen Herrlichkeit nur wenig geblieben. Das einst stolze Land glich einem Torso, seit 1945 die Sieger des Zweiten Weltkrieges ganz Hinterpommern dem Nachbarn Polen zugeschlagen hatten. Von 38 400 Quadratkilometern blieben lediglich 7 000 übrig. Genauer gesagt: 6 765 Quadratkilometer. Weniger als ein Fünftel. Der neue, wasserreiche Partner Mecklenburgs stößt nun im Osten an Polen, im Westen an Mecklenburg (die Grenze wird in etwa von den Flüssen Recknitz und Trebel markiert), im Norden an die Ostsee und im Süden an Brandenburg. Ein ernüchternder Rest. Aber ein Rest zum Schwärmen.

Das Land hinterm Bindestrich steckt voller Schönheit. Die Inseln Usedom, Rügen, Hiddensee, die Halbinsel Fischland / Darß / Zingst, die Flusstäler von Peene und Uecker, die herrlichen Altstädte von Stralsund und Greifswald, das stille Achterwasser, der Urwald auf Vilm, die vorpommersche Boddenlandschaft, das Stettiner Haff …

▲ Über 100 Jahre alt ist die bei Nehringen gelegene hölzerne Klappbrücke über die Trebel. Sie gehört zu den schönsten historischen Verkehrsbauten Norddeutschlands.

Ein perfektes Ferienparadies ist da vor Zehntausenden von Jahren modelliert worden. Die Lage der Pole hatte sich verändert, und plötzlich beherrschte Kälte „das Revier". Eine lange Gletscherzunge schob sich von Skandinavien her über Pommern, und alles Leben erstarrte in diesem Bühnenbild aus Schnee, Wind und Eis.

Als es nach 10 000 Jahren endlich Frühling wurde, begannen die Gletscher zu tauen. Flüsse brachen hervor und die gewaltigen Geröllmassen, die sich der Eisstrom auf seiner Wanderung angefressen hatte, bröckelten ab, häuften kleine Berge an und Hügelchen. Jedes Leben in dem Geröllhaufen, in dieser Grundmoränenlandschaft, wie Geologen sagen würden, schien erloschen. Doch da sich in regelmäßigen Abständen Hochwasser in die Ödnis ergoss, setzte sich mit der Zeit ein fruchtbarer Schlick ab und zauberte Sträucher, Gräser, Blumen und Moose hervor. Als es noch wärmer wurde, kamen Eichen und Linden hinzu, in den Niederungen breiteten sich Birken, Buchen und Erlen aus. Schließlich stand die nacheiszeitliche Landschaft bewaldet da und grün. Die Eisschmelze hatte zudem breite Urstromtäler in die frische Natur gefräst. Eingebettet darin sprudelten Flüsse und Bäche, lagen Sümpfe und Seen. Auch Elche, Rentiere und Wisente ästen in Gottes freier Natur. Und die ersten Menschen siedelten an den Gewässern.

Archäologen, die neugierig im Erdreich auf Rügen, bei Anklam und anderswo in Vorpommern nach Zeugnissen dieser Zeit suchten, fanden Gerätschaften aus Stein, aus Geweihen und Knochen. Die Funde stammen aus dem Jungpaläolithikum, aus den Jahren 10 000 bis 8 000 vor Christi. Nicht zu übersehen sind die unzähligen Hünengräber auf Rügen. Was hat die Menschen nur getrieben, solche archaischen Grabanlagen zu errichten? Riesig, grau und kalt. Gräber bei Sagard, Gräber südlich von Lancken-Granitz, 13 Grabhügel zwischen Patzig und Woorke. Noch 1835 zählte man mehr als 1600 solcher jungsteinzeitlichen Aufschichtungen, heute sind es noch gut 400. Sie tragen keine Bilder, keine Schriftzeichen, ohne Nachricht an die Zukunft prägen sie das Landschaftsbild. Uns bleibt nur das beklemmende Wissen, dass diese Sarkophage das letzte Zuhause von Steinzeitmenschen waren, die darauf warteten, ins Reich der Schattenlosen überzusetzen.

Erstaunlicherweise waren die frühen Zeitgenossen für den Schriftsteller Hans Werner Richter „schon Pommern, ohne es zu wissen". Der Erfinder der berühmten Literaturgruppe 47, 1908 als Sohn eines Fischers auf Usedom geboren (und 1993 in München verstorben), hat in seinem Buch *Deutschland deine Pommern* mit viel Humor und großem Ernst über seine lieben Landsleute nachgedacht. „Zwar schlägt mein Herz nicht gerade höher, wenn von Pommern die Rede ist", ließ er uns wissen, „aber es fühlt sich doch auf das angenehmste berührt."

Beispielsweise von der Bescheidenheit der Menschen, Angeber haben es schwer hier. Ein Pommer sagt, was er denkt. Und er tut, was er sagt. Er ist fleißig, zielstrebig und als „Folck mehr gutthertzigk wan freuntlich und mehr simpel wan klug". Wusste schon Thomas Kantzow (1505–1542), der Sekretarius der herzoglich-wolgastschen Staatskanzlei. Bis heute gilt ein hoher Intelligenzkoeffizient bei einem Vorpommern nicht unbedingt als Auszeichnung! Und eine gewisse Portion Dummheit noch lange nicht als Makel. Dazu passt auch die ironisch gemeinte pommersche Selbsteinschätzung: „Ein Pommer ist im Winter so dumm wie im Sommer. Nur im Frühjahr, da ist er etwas klüger." Befragt, ob das stimme, ließ Hans Werner Richter seinen Großvater mütterlicherseits antworten: „Glöv mi, min Jung, dat hätt schon sin Bewandtnis."

Auch der berühmteste aller berühmten preußischen Könige, der „Alte Fritz", war seinen Pommern zugetan. Er fand sie von „natürlicher Offenheit" und meinte, dass sie nicht ohne Geist wären, würde man ihnen eine höhere Schulbildung ermöglichen. „Der gemeine Mann", so fuhr er fort, „ist mißtrauisch und dickköpfig, auch wohl selbstsüchtig, aber weder grausam noch heftig, und die Sitten sind sanft, so daß auch hier keine Strenge am Platze ist. Die Pommern sind gute Offiziere, ausgezeichnete Soldaten, auch gute Finanzbeamte, aber Diplomaten lassen sich nie aus ihnen machen." Was jedoch längst widerlegt ist …

Vielleicht liefert des Preußenkönigs Einschätzung aber die Erklärung dafür, warum viele Menschen in Vorpommern eine so starke Abneigung gegen lange, sinnlose Reden haben. „Hei sappert tau väl", heißt es dann. Was man allerdings von den beiden pommerschen Plaudertaschen nicht sagen kann, die da eines schönen Tages gemeinsam zur Stadt gingen. Als sie schon einige Kilometer auf dem Buckel hatten, sagte der eine von ihnen: „De Hawer steht god." Der andere entgegnete nichts. Schweigend setzten sie ihren Weg fort. In der Stadt ging jeder seinen Dingen nach. Am Nachmittag machten sich beide wieder auf den Heimweg. Nachdem sie eine Weile gegangen waren, ergriff der zweite Bauer das Wort und sagte: „De Flachs aewer ok." Damit war die Unterhaltung zu Ende. Und alles war gesagt.

Natürlich auf Plattdeutsch. Diese humorvolle, bildhafte Sprache ist den Vorpommern auf den Leib geschneidert – „herrlich besoffen“ fand sie Kurt Tucholsky. Sie passt zu Wind und Meer. Selbst Plattitüden erhalten durch sie einen Hauch von Originalität.

Leider ist das norddeutsche Markenzeichen gerade dabei, ein wenig aus der Mode zu geraten. Früher sprachen die Stralsunder sogar ein anderes Platt als die Usedomer, die Rüganer ein anderes als die Pasewalker, und der Rest der Welt, naja, der verstand sowieso nur Bahnhof. Das muss nicht sein. Auch Plattdeutsch lässt sich erlernen. Am besten in der Praxis. Auf dem Fischland beispielsweise, wo Gäste allzeit willkommen sind.

Inseln und Städte

Die Halbinsel Fischland/Darß/Zingst zeichnet sich durch zwei Besonderheiten aus. Durch Kiefern, die ihre Kronen landeinwärts recken, als wollten sie dem Meereswind entfliehen, der permanent an ihnen zerrt. Diese Windflüchter sind ein Wahrzeichen der Landschaft. Ein anderes sind die Bodden, die kleinen, von der Ostsee abgeschnürten Binnenmeere. Sie bilden in ihrer Stille einen wundersamen Kontrast zur sturmumbrausten See. Das nur zwei bis drei Meter tiefe Boddenwasser ist schwach salzhaltig. Zahlreiche Fischarten leben in ihm.

Auf dem Festland hinter dem Bodden, zum Greifen nah, liegt Ribnitz-Damgarten, das Tor zum Fischland. Die Geschichte beider Städte ist von Kriegen, Pest und Bränden überschattet. Und von der Tatsache, dass Ribnitz zu Mecklenburg gehört und Damgarten zu Pommern. Die Recknitz, die zwischen ihnen fließt, „spielte“ jahrhundertelang Grenzfluss. Die Attraktion der hübschen Doppelstadt ist das Bernsteinmuseum, das einzige in Deutschland, in dem man Tiere der Vorzeit, eingeschlossen in große Tropfen goldenen Baumharzes, unter die Lupe nehmen kann. Das Museum befindet sich im ehemaligen Klarissinenkloster, in dem auch die Ribnitzer Madonnen wohnen, anmutige Holzplastiken aus dem 14. und 15. Jahrhundert.

Auf der Halbinsel, die aus drei zusammengewachsenen Inseln – eben dem Fischland, dem Darß und dem Zingst – besteht, ist der Wind der eigentliche Herrscher. Wann immer er will, bläst er mit dicken Pustebacken das salzige Wasser der Ostsee gegen die Küste und in den Bodden hinein. Oder er treibt das Binnenwasser ins Meer hinaus. Die meiste Zeit des Jahres aber ist hier alles an seinem Platze.

Reizvolle Ortschaften haben sich hier niedergelassen: das schöne Dierhagen, die alte Seefahrerstadt Wustrow, das Seebad Ahrenshoop, das für viele die Seele der Region ist. „Entdeckt“ hat diesen idyllischen Flecken der Oldenburger Maler Paul Müller-Kaempff (1861 – 1941). Begeistert berichtete er seinen Lieben daheim von der Steilküste, den Dünen, vom Wald, der See und der dunklen Linie des Darß. 1892 siedelte der Künstler nach Ahrenshoop über, malte, gründete eine Malschule – und bald folgten ihm Kollegen. 1902 bereits gab es 16 Maler, 16 Malschulen und 30 Fischer in dem kleinen Ahrenshoop. Daran hat sich bis heute nicht viel geändert. Nur Fischer, die gibt es kaum mehr.

Gegen das stille Ahrenshoop ist Prerow eine Touristen-Hochburg. Der Sand am Nordstrand ist so hell und fein wie Zucker. Bei Sturm hobeln Meer und Brandung die Kanten der westlich gelegenen Uferlinie glatt. Wie ein Fließband transportiert das Wasser den abgetragenen Sand parallel zur Küste gen Norden, lagert ihn an der Spitze der Halbinsel, dem Darßer Ort, ab. Die feineren Sandpartrikel werden herausgeschwemmt und „stranden“ in Prerow. „De Darß treckt in't Meer“, sagen die Alteingesessenen. Es ist bewundernswert, mit welcher Akkuratesse das Meer die Sandteilchen heranschleppt und platziert. So verändert es ständig das Landschaftsbild, macht den Darßer Ort zu einer lebenden Landkarte.

Um die Einzigartigkeit dieses vitalen Stücks Erde zu bewahren, hatte die letzte DDR-Regierung, die unter Lothar de Maizière, in einem politischen Handstreich große Teile der östlichen See zum Nationalpark Vorpommersche Boddenlandschaft erklärt. Zu einer 805 Quadratkilometer großen Tabuzone für die Landwirtschaft, für Hotelbauer, Immobilienhaie und Bodenspekulanten. Seit dem 12. September 1990 stehen der Darß und der Zingst, die Inseln Werder, Bock, Kirr und Hiddensee, Teile von Westrügen sowie 673 Quadratkilometer Meeres- und Boddenfläche unter strengem Schutz.

Aus der Blütezeit der Segelschifffahrt stammen die vielen schönen Fischer- und Kapitänshäuser, die man in Prerow bewundern kann. Die See-

▲ Durch die vorherrschende Westströmung am Weststrand von Fischland und Darß abgetragenes Land wird am Darßer Ort, der nördlichsten Landzunge der Halbinsel, wieder abgelagert.

mannskirche (1726–1728) ist die älteste auf dem Darß. Ein besonderes Erlebnis bietet immer wieder der wilde, urige Weststrand. Er ist übersät mit blank polierten Steinen, kleinen Krebsen und Muscheln. Alle Taschen möchte man sich vollstopfen. Nach jedem Sturm verstecken sich zwischen Steinhaufen, Tang und Algen kleine Bernsteinnuggets. Der Weststrand ist ein Refugium für Nacktbader und naturverliebte Eigenbrötler. Was für ein Vergnügen, sich fallen zu lassen, die salzige Luft auf der nackten Haut zu spüren und dem „lieblichen" Gekreisch der Möwen zu lauschen.

Der Inselteil Zingst, von den Einheimischen vertraut „der Zingst" genannt, lag viele Jahrzehnte im touristischen Dornröschenschlaf. 1870 schließlich gründeten engagierte Bürger ein „Bade-Comité", um „Luftsnappers" aus ganz Deutschland anzulocken. 1881 entstand auf deren Initiative hin ein streng voneinander getrenntes Damen- und Herrenbad. 1885 kamen 365 Urlauber, 1900 zählte man bereits 1430, und als 1910 die Darßbahn von Barth über Zingst nach Prerow eröffnet wurde, avancierte das Bad zu einer konstanten Größe in der Urlaubsplanung der Berliner. Das ist heute noch so – trotz mittlerweile fehlender Bahnstrecke.

Auf dem Friedhof der Peter-Pauls-Kirche liegt in einem schlichten Grab die Heimatdichterin Martha Müller-Grählert (1876–1939). Von ihr stammt das schöne Gedicht *Mine Heimat*, von dem wohl fast jeder Deutsche zumindest die erste Strophe kennt: „Wo die Ostseewellen trecken an den Strand, / Wo de geele Ginster bleuht in'n Dünensand, / Wo de Möwen schriegen grell in't Stormgebrus, / Da is mine Heimat, da bün ick to Hus." Das Gedicht ging als Lied um die ganze Welt.

Von Zingst aus ist es nur ein ordentlicher Katzensprung hinüber zur Insel Hiddensee. Die Ureinwohner nennen sie liebevoll „Dat söte Länneken". Das süße Ländchen liegt wie ein Seepferdchen vor Rügen und ist 16,8 Kilometer lang, zwischen 250 und 3 700 Meter breit und ein windiges Stück Natur. Es hat sich bis heute seinen ursprünglichen Reiz bewahrt. Von jedem Punkt der Insel aus hört man das Meer. Wenn es schweigt, erschrickt man vor der Stille. Eine einzige Straße führt von Nord nach Süd. Sie verbindet die vier kleinen Inselorte Grieben, Kloster, Vitte und Neuendorf miteinander. Vitte ist, verwaltungstechnisch gesehen, die Hauptstadt der Insel. Neuendorf, die südlichste Siedlung, steht unter Denkmalschutz. Die Häuser sind meist weißgekalkt, reetgedeckt und stehen in Ost-West-Richtung, um der Sonne die beste Angriffsfläche zu bieten. Kulturelles Zentrum ist Kloster mit dem Heimat-Museum, der Kirche und dem Hauptmann-Haus. Die 1332 geweihte Inselkirche restaurierte man 1781/82. Damals wurde ihr das hölzerne Tonnengewölbe eingezogen, das 1921/22 Nikolaus Niemeier mit goldenen Rosen auf hellblauem Grund bemalte. Ein Engel schwebt darunter und verbreitet Frieden. Ruhe hingegen kommt von einer Verordnung, die Hiddensee zur autofreien Zone macht. Doch damit nicht genug: Die Insel ist auch eine Welt ohne Kurkonzerte, ohne Strandpromenade und ohne Würstchenbuden. Mit anderen Worten: Hiddensee ist kein Fleckchen für jedermann.

„… nur stille, stille", schrieb der Dichter Gerhart Hauptmann (1862–1946) an den Theaterleiter Otto Brahm (1856–1912), „daß es nicht etwa ein Weltbad werde." Die Vorsicht machte sich bezahlt, erst spät schwappte die Tourismuswelle hierhin. Die Liste berühmter Insulaner ist lang: Albert Einstein, die Kollwitz, Asta Nielsen, Sigmund Freud, Max Reinhard, Hans Fallada, Ringelnatz, Walter Felsenstein, Gret Palucca, selbst Thomas Mann wäre gern ein Hiddenseer geworden, aber er fand die Insel zu klein für zwei Große. Seine Ehefrau Katia (1883–1980) erinnert sich an den Ärger, den es gab, „weil Hauptmann doch der König von Hiddensee war. Er hatte uns sehr geraten, dort hinzukommen. Nun war er aber dermaßen eindeutiger König, daß für uns dort wenig Aufmerksamkeit abfiel. Wir wohnten im ‚Haus am Meer', ‚seinem' Haus, hatten aber mit den übrigen Gästen im Speisesaal zu essen und bekamen sehr mäßiges Essen, wohingegen Hauptmann köstliche Speisen auf die Zimmer hinaufgetragen wurden. Das Ganze war etwas verdrießlich …"

Die Manns reisten ab, wahrscheinlich nach Rügen, auf die größte Insel Deutschlands. Allein zwischen den nördlichsten und den südlichsten Punkt passen 51,4 Kilometer Land, der Insel-Osten ist vom Insel-Westen 42,8 Kilometer entfernt. Das Eiland besitzt 50 Kilometer Sand- und 35 Kilometer naturbelassene Boddenstrände. Keine Stadt, kein Dorf liegt mehr als acht Kilometer vom Wasser entfernt. Wollte man Rügen umrunden, man müsste 574 Kilometer weit laufen. Die Küste der windigen Halbinsel Wittow entlang, vorbei an Jasmund, dessen sattgrüne Buchenwälder wunderbar mit dem Weiß der Kreidefelsen kontrastieren, um die Halbinsel Mönchgut herum, wo man die unterschiedlichsten Landschaftsbilder auf engstem Raum trifft, und dann weiter in Richtung Putbus. So ausgefranst und zerrissen wie das Rügenland ist keine andere Insel in der Ostsee. Mal wächst das Felsmassiv in sanften Schwüngen zusammen, dann wieder öffnet es sich weit, um kleinen Binnenmeeren Platz zu machen. „Es ist nicht

▲ Wie hier am Saaler Bodden findet man in Vorpommern viele Orte, die für Ruhe und Einklang mit der Natur stehen.

möglich, einen einfacheren und erhabeneren Anblick zu finden", schrieb Wilhelm von Humboldt (1767–1835), nachdem er durch die Inselwelt gewandert war.

Im Sommer, wenn die Kornblumen blühen und der Klatschmohn die Felder rot färbt, wird die Stille oft nur vom Zirpen der Grillen „gestört". Und von der Dünung des Meeres. Caspar David Friedrich, der Magier der Melancholie, war Rügen regelrecht verfallen. Die Natur auf dem 926 Quadratkilometer großen Stück Land ist nahezu unberührt. Gesunde Wälder, sattgrüne Wiesen und lange, einsame Strände; 19 Orchideenarten blühen auf Rügen, darunter so attraktive wie das Purpurknabenkraut und der Frauenschuh.

Typisch für Deutschlands schönste Sommerfrische sind die mit Rohr gedeckten Fischerhäuser, die romantischen Schlösser und schneeweißen Jugendstilvillen. Abseits der „Alten Bäderstraße", die noch mit Kopfsteinen gepflastert und von prächtigen Alleebäumen gesäumt ist, findet der Besucher zahlreiche stille Buchten und Bodden. Ein Glanzpunkt ist die schluchtenreiche Halbinsel Jasmund. Bis zu 117 Meter tief fällt hier die zerklüftete Kreidewand ins Meer. Seit vielen Generationen wirbt Caspar David Friedrich, der deutsche Maler der Romantik, für diese einzigartige Landschaft. In der Stubbenkammer entstand sein weltberühmtes Bild *Kreidefelsen auf Rügen*.

Die Reste der 2005 teilweise abgebrochenen, bizarr geformten Wissower Klinken und der Königsstuhl sind atemberaubend schön. Unter den spitzen Kreidekegeln brandet die weiße Gischt des Meeres auf den mit Feuersteinen und Baumstümpfen übersäten Strand. Hunderte von Seeschwalben nisten im Fels. Einmal tief durchatmen, gesunde Salzluft gibt's auf Rügen wie Sand am Meer.

Das Ostseebad Binz ist ein weiteres markantes Aushängeschild der Insel. Schöner als hier an der Strandpromenade kann man klassische Bäderarchitektur nirgendwo bewundern. Weiter südlich schmiegen sich, vom Granitzwald umgeben, die Ostseebäder Sellin, Baabe, Göhren und Thiessow an die Küste. Eine ganz besondere Stadt ist Putbus. Hier hat fast alles mit Wilhelm Malte I. (1783–1854) zu tun, jenem Provinzfürsten, der so vermessen war, sich seine eigene Stadt zu bauen. Er verlangte von den Bürgern, alle Häuser weiß zu streichen, Rosenstöcke zu pflanzen und grüne Staketenzäune um die Vorgärten zu stellen. „So könnte dies die hübscheste Reihe Häuser von der Welt werden", äußerte er einem Freund gegenüber. Heute freuen wir uns über die Sturheit des kunstsinnigen Fürsten.

Architektonischer Mittelpunkt der Stadt ist der Circus. 16 weiße, klassizistische Häuser bilden artig einen Kreis. Städtebauliches Gegenstück zum Circus ist der Marktplatz, an dem sich das Putbuser Theater (1819–1821) befindet. Das Haus gehört zu den schönsten Bauten der Malte-Zeit. Das Residenz-Theater ist so, wie man sich ein Residenz-Theater vorstellt: mit Fürstenloge, üppigem Pomp und strahlendem Kronleuchter.

Bergen, erbaut auf einem Moränenhügel, stellt das Verwaltungszentrum des Inselreichs dar. Ihm „haftet auf ewig ein durchdringender Geruch nach Formularen und Anträgen an", schrieb Wolfgang Rudolph, ein Seemann, der 1953 für den Rest seines Lebens in der Stadt anheuerte. Die größte Sehenswürdigkeit ist die Kirche St. Marien, die mit ihren kostbaren Wandmalereien zu den schönsten Gotteshäusern Norddeutschlands zählt.

Rügen endet auf Kap Arkona. Weiter nördlich geht es nicht. In seiner Nähe siedelt das kleine Fischerdorf Vitt, dessen wenige reetgedeckte Häuser sich in einer Uferschlucht verstecken. Eine schlichte, weißgetünchte Kapelle steht auf der Steilküste. Vitt war im Mittelalter der wichtigste Heringshandelsplatz Rügens. Auch heute noch landen die Vitter Fisch an. Und räuchern ihn oft an Ort und Stelle. Kap Arkona selbst, das sind zwei Leuchttürme, die aus großer Höhe aufs Meer hinausschauen. Einer stammt aus dem Jahre 1902, der andere wurde 1826/27 nach Plänen von Karl Friedrich Schinkel erbaut.

Um Rügen auf vier Rädern verlassen zu können, muss man trotz beeindruckender neuer Rügenbrücke den weiten, zuweilen staugefährdeten Weg vom Kap nach Altefähr in Kauf nehmen. Die kleine Stadt bietet den schönsten Blick auf die Silhouette der Hansestadt Stralsund, aus der rot und weiß die Kirchtürme leuchten.

Fast alles in Stralsund hat mit dem Meer zu tun. Wie eine Wasserburg liegt die Altstadt zwischen dem Strelasund und zwei langgezogenen Teichen. Eng und schmalbrüstig stehen die Häuser auf der Beinahe-Insel. Das Gewirr aus verwinkelten Gassen ist ungeeignet für moderne Sightseeing-Busse. Wer die Stadt richtig erkunden möchte, muss schon die eigenen Füße bemühen. Der Alte Markt, wo Rathaus, die Nikolaikirche und das Wulflamhaus ein prachtvoll hanseatisches Bild zeichnen, ist die schönste „Ecke" der Stadt. Die repräsentative Fassade des Rathauses, die nach 1370 errichtet wurde, erinnert mit ihren Spitzbögen, Giebelchen

▲ Am Strand des Seebades Binz auf Rügen: Keine Region in Deutschland hat so viele sehenswerte Beispiele für Bäderachitektur zu bieten wie Vorpommern.

und Wappen an die Zeit der mächtigen Hanse. Und an Lambert Steinwich (1571–1629). Jenen legendären Stralsunder Bürgermeister, dem es während des Dreißigjährigen Krieges gefiel, Wallenstein die Stirn zu bieten. Vollmundig hatte der kaiserliche Generalissimus verkündet: „Und wenn sie" – gemeint war die Stadt – „mit Ketten an den Himmel geschmiedet wäre, ich wollte sie doch herunter holen." Unverrichteter Dinge musste Wallenstein abziehen.

Drei Kirchen bestimmen die Silhouette der Stadt. Die schon erwähnte Nikolaikirche (13. Jahrhundert), die Jakobi-Kirche – und St. Marien (beide 14. Jahrhundert). Wuchtig ragt ihr Turm 104 Meter in den Himmel, 345 Stufen führen hinauf. Von hier oben sieht Stralsund wie eine Spielzeugstadt aus. Mit klitzekleinen Menschen, zierlichen Häusern und behaglichen Plätzen, die seit 2002 unter dem Schutz der UNESCO stehen, zum Welterbe erklärt wurden.

Die neue Attraktion ist das Ozeaneum, das größte Meeresmuseum Deutschlands, die Liebeserklärung der Hansestadt ans Meer. Wenn alle Aquarien des futuristisch gestalteten Hauses gefüllt sind, fassen sie sechs Millionen Liter Wasser. Im größten, dem Schwarmfisch-Becken, sind es allein zweieinhalb Millionen. Besucher können durch eine riesengroße Scheibe die Fischkollektive beobachten. In Europas Museum des Jahres 2010 drücken sich bis zu 8 000 Gäste pro Tag die Nasen an dem 30 Zentimeter dicken Glas platt.

Einen ordentlichen Katzensprung, gut 20 Kilometer, von Stralsund entfernt liegt Grimmen, ein vorpommersches Landstädtchen am Fluss Trebel, das auf über 700 Jahre Geschichte zurückblickt. Der Name stammt aus dem Slawischen und bezeichnet ein Gebiet, das von sumpfigen Wiesen, Wasser und viel Landwirtschaft umgeben ist. 1287 erstmals erwähnt, erhielt die Stadt im Jahre 1306 Lübisches Recht. Offensichtlich hat es Grimmen im Mittelalter zu relativem Wohlstand gebracht, die Sehenswürdigkeiten in Backsteingotik zeugen davon: das Rathaus vor allem, ein Bau, entstanden um 1400, mit einer offenen Rats- und Gerichtslaube, die frühgotische Marienkirche (13. Jahrhundert), das Stralsunder, das Tribseeser und das Greifswalder Tor (alle 14. Jahrhundert), die spätgotische „Alte Schule", die „Alte Wache" und die Schwedenschanze im Stadtwald. 1878 wurde Grimmen durch die Eisenbahnlinie Berlin–Stralsund mit der „großen weiten Welt" verbunden. Der Grimmener landwirtschaftliche Ein- und Verkaufsverein, 1895 als Selbsthilfeorganisation der Bauern gegründet, entwickelte sich Anfang des 20. Jahrhunderts zum größten landwirtschaftlichen Unternehmen seiner Art in Deutschland.

Nur 30 Kilometer weiter wartet das schöne Greifswald auf Besuch. Im Wald von Eldena, wo der kleine Fluss Ryck in die Ostsee mündet, hat die Stadt einmal angefangen. Kurz nach dem Bau ihres Kloster (1199) entschlossen sich die Zisterziensermönche, einen Marktflecken zu gründen. Die Salzquellen nördlich des Flusses machten den Ort reich. Bereits 1250 erhielt „Grypheswald" vom pommerschen Herzog Wartislaw III. das Lübische Recht verliehen, durfte wöchentlich Markt abhalten, wurde groß, trat der Hanse bei (sechziger Jahre des 13. Jahrhunderts) und erlebte eine Blüte, an die noch heute die prächtigen Giebel der gotischen und barocken Bürgerhäuser am Markt erinnern. Irgendwie hat man das Gefühl, gleich müsste Caspar David Friedrich um die Ecke biegen. Hinter dem Fenster des Hauses am Markt Nr. 10 stand 1818 der berühmte Greifswalder, blickte auf den Platz, und hielt das Treiben mit der Feder fest. Das Aquarell hängt im Pommerschen Landesmuseum, der neuen Geschichtsaufbewahrungsanstalt, in der es alles gibt, nur keinen Aktenstaub und Langeweile.

Zu Recht zählt Greifswald zu den schönsten Städten des Ostseeraums. Es macht Spaß, im Blickfeld des ochsenblutfarbenen Rathauses (1749) und der drei großen Backsteinkirchen, der „dicken Marie" (St. Marien, 14. Jahrhundert), des „kleinen Jakob" (St. Jakobi, 13./14. Jahrhundert) und des „langen Nikolaus" (St. Nikolai, ab dem 13. Jahrhundert) über den von Bäumen bestandenen Wall zu spazieren. Wie ein grüner Gürtel umschließt er die Altstadt.

Es gibt Städte, die sich eine Universität halten, und Universitäten, zu denen eine Stadt gehört. Zur letzteren Kategorie zählt Greifswald. Die Ernst-Moritz-Arndt-Universität ist wie kaum eine andere deutsche Hochschule mit ihrer Stadt (54 400 Einwohner) verwurzelt. Die über 12 000 Studenten, die heute an einer der kleinsten Universitäten Deutschlands studieren, bestimmen den Lebensrhythmus, hinterlassen ihre Spuren und sind ein ewiger Jungbrunnen durch ihre geistige Unruhe! Sie waren es auch, die im Mittelalter den langgehegten Wunsch der Bürger nach einem festen Theater beförderten. Die erste Bühne befand sich im Rehbergschen Palais, in dem wandernde Theatergruppen auftraten. 1834 wurde in der Kuhstraße ein neuer Saal mit Logen erbaut. 1882 dann setzte man sich mit Stralsund in Verbindung und traf ein Abkommen, in dem vereinbart wurde, dass das Stralsunder Ensemble zweimal wöchentlich in Greifswald

▲ In den letzten Jahren entstanden neue Orte für Wissenschaft und Lehre – so die 1991 ins Leben gerufene Fachhochschule in Stralsund (links) und das im Jahr 2000 gegründete Max-Planck-Teilinstitut für Plasmaphysik in Greifswald.

spielen sollte. Der Mittwoch gehörte dem Schauspiel, an den Sonntagen frönte man der Operette. Vielleicht ist ja dieses Uraltmodell der geistige Vater für jene kulturelle Institution, die seit 1994 unter dem Namen „Theater Vorpommern“ firmiert. Das Mehrspartenhaus mit den Einzelposten Oper, Konzert, Musiktheater, Schauspiel, Ballett, Operette und Musical entstand durch den Zusammenschluss der Bühnen Greifswald und Stralsund. 2006 machte das Theater Putbus aus dem Schaubühnen-Duo ein Trio, das nur ein Ziel hat: das Publikum mit spannenden, anspruchsvollen und mutigen Aufführungen zu unterhalten.

Ist die Altstadt mit Theater und Universität neben den etwas außerhalb platzierten neuen Forschungsstätten wie dem Max-Planck-Institut oder der neuen Universitätsbibliothek der klügste Teil Greifswalds, so stellt den meist fotografierten das kleine denkmalgeschützte Fischerdorf Greifswald-Wieck dar, das in einer traumhaften Landschaft liegt. Hauptanziehungspunkt ist neben den schönen Kapitänshäusern das weiße Holz der Zugbrücke, die 1887 nach holländischem Vorbild errichtet wurde. Und natürlich die nahe Klosterruine Eldena.

Vorbei am frischen Landschaftsbild des Greifswalder Boddens führt der Weg nach Wolgast, der ehemaligen Hauptstadt des Herzogtums Pommern-Wolgast. Im Großen Nordischen Krieg wurde die Stadt 1713 von russischen Truppen niedergebrannt. Nach der Katastrophe gab es den Neuanfang mit Häusern im Fachwerkstil. Barock und schwedisch. Die Rathausfassade stammt aus dieser Zeit. Im 18./19. Jahrhundert segelten Wolgaster Schiffe über alle Weltmeere. Aus dieser Blütezeit stammen der gewaltige Homeyer-Speicher (1836) am Hafen sowie die barocken Kaufmannshäuser mit den großen Lagerböden. Wer den Turm der Petrikirche (14./15. Jahrhundert) besteigt, wird mit einem großartigen Rundblick belohnt. Der berühmteste Sohn der Stadt ist der Maler und Schriftsteller Philipp Otto Runge, der 1777 am Peenestrom geboren wurde (und 1810 in Hamburg starb). Aus seiner Feder stammt die Geschichte *Von den Fischer un syne Fru*.

Die Fahrt von Wolgast nach Usedom über die neue Peenebrücke ist ein Erlebnis der besonderen Art. Toll, wie hier mächtige Kräfte sinnvoll ihres Amtes walten, um das meisterliche Brückenwerk zu heben und zu senken.

Von Ostsee, Stettiner Haff, Peene und Achterwasser eingepackt, liegt Usedom in der pommerschen Bucht. Wie gemalt stehen alte, reetgedeckte Kapitänshäuser in der Landschaft – weiß verputzt, mit bunten Türen. Fischernetze trocknen im Wind. Am Dachfirst wehren heidnische Giebelbretter mit Pferdeköpfen die bösen Geister ab. Es duftet nach Kamille, nach Thymian und Pferdemist. Kinder lachen irgendwo in der Ferne, ansonsten ist Ruhe. Ein Sommertag auf Usedom.

Deutschlands zweitgrößte Insel hat stille, verträumte Dörfer, eine geschichtsträchtige Stadt (Usedom) und elegante Seebäder. Einer der schönsten Badeorte verdankt seinen Namen sogar einem Fisch: Heringsdorf. Angeblich hat Kronprinz Friedrich Wilhelm 1820 diesen Namen erfunden. Beim Besuch einer Salzsiederei am Strand befragt, wie man die Siedlung wohl nennen könne, fiel dem späteren König angesichts herumstehender Heringsfässer nur Heringsdorf ein. Heute gehört der Ort zu den „drei Kaiserbädern“ und erstrahlt in königlichem Weiß. Wie Paläste erheben sich die frisch restaurierten Villen hinter den sandgelben Dünen des Strandes. Mutig schiebt sich die Seebrücke ins Meer. Und über allem strahlt die Sonne.

Für den Fall, dass sie das einmal nicht tut, hat man 1996 im Nachbarort Bansin die Ostsee-Therme erbaut. In der dortigen medizinischen Abteilung werden Bäder und Moorpackungen verabreicht. Unterstützt wird die Behandlung durch natürliche Heilmittel wie Meerwasser, Jod-Sole und ein mildes Reizklima. Diese Ingredienzien sorgten schon zu Kaisers Zeiten dafür, dass sich die Majestäten auf Usedom wohlfühlten. Jeder, der etwas auf sich hielt, kaufte sich hier ein: Bankdirektoren, Minister, Fürsten. Man sieht es den prächtigen Villen und eleganten Hotels noch heute an. Auch berühmte Künstler und Wissenschaftler wussten den Luxus und die feinen Sandstrände zu schätzen. Gerngesehene Gäste waren die Gebrüder Mann, Gorki, Fontane oder Johann Strauß. Gegen solchen Glanz kam Ahlbeck nicht an. Aber immerhin traf sich in dem um 1771 gegründeten Fischerdorf Berlins bürgerlicher Mittelstand. Um die Jahrhundertwende hatte das Bad bereits einen guten Ruf als „Badewanne Berlins“. Als sich die Bäderstadt 1898 dann auch noch eine attraktive Seebrücke zulegte, die noch heute weitgehend im Original vorhanden ist, war die Zukunft gesichert.

Aber auch das nahe gelegene Bansin wollte ein ordentliches Stück vom Kuchen abhaben. Der Aufstieg in die lukrative Oberliga der Badeorte begann, als die Regierung 1923 Bansin als erstem Seebad auf Usedom eine „Freibadeerlaubnis“ erteilte. Neidisch und ein bisschen pikiert mussten Ahlbeck und Heringsdorf mit ansehen, wie in Bansin Menschen „einfach so“ ins Wasser gingen oder sich am Strand aufhielten. „Einfach so“ hieß nicht etwa nackt. Nein, die Leute gingen in körperbetonender Badeklei-

▲ Das Theater Vorpommern entstand aus der Fusion der Theater in Stralsund, Greifswald und Putbus. Es bietet Schauspiel, Ballett, Konzerte, Oper, Operette und Musical.

dung ins Meer. Und die Polizei unternahm nichts. Skandalös! Das war die Erfindung des Strandlebens.

Leider sind die übrigen Badeorte Usedoms nicht kaiserlich, schön sind sie jedoch allemal. Zinnowitz und Trassenheide, Kölpinsee und Koserow – wo der Seeräuber Klaus Störtebeker angeblich einen Schlupfwinkel hatte –, Loddin, Ückeritz und die vielen verschwiegenen Dörfer zwischen Ostsee und Achterwasser.

Wir verlassen die Insel Usedom über die Zecheriner Brücke. Eine stille, leicht bewegte Grundmoränenlandschaft nimmt uns auf. Frisch und würzig ist die Luft. Die Äcker links und rechts sind durchschnitten von staubigen Feldwegen, der Himmel ist weit und hoch, wundersam langsam tropft die Zeit. Selten kommt man einer Landschaft so nah. Vergessen sind die Sorgen des Alltags. Man genießt nur noch die Ruhe und Schönheit der Natur. Mit seinen Wiesen, Wäldern und Seen gehört das Hinterland Vorpommerns zu den letzten großen Naturparadiesen in Deutschland. Abseits der Wege findet der Besucher Hünengräber und stille Winkel, in denen die Natur noch weitgehend unberührt ist. Kräftige, einzeln stehende Bäume haben die planwirtschaftliche Flurbereinigung überlebt und ragen wie Ausrufezeichen in den weiten Himmel, an dem sich ein Greifvogel vom Aufwind tragen lässt. Typisch für die Landschaft sind die stillen Sölle, die wie ein tränendes Auge in Flur und Feld liegen. Diese feuchten, meist runden oder ovalen Einsprengsel haben keinen oberflächlichen Wasserzufluss. Sie werden „ernährt" von sogenanntem Toteis, das uns die Eiszeit hinterlassen hat. Immer wieder stößt man auf einzelne Gehöfte, kleine Orte und Städtchen. In so manchem von ihnen wartet ein stilvolles Herrenhaus oder ein romantisches Märchenschloss darauf, von Touristen wachgeküsst zu werden. Viele dieser in Vergessenheit geratenen Anlagen entpuppten sich nach der Restaurierung als Juwel von ungeahnter Schönheit. Über 600 Schlösser, Guts- und Herrenhäuser, meist umgeben von einem Garten oder Park, sind eine Zierde der vorpommerschen Landschaft. Mehr als die Hälfte steht unter Denkmalschutz. Eine solche Schlösserdichte gibt es in kaum einer anderen europäischen Region.

Auch in der Nähe von Anklam steht inmitten der tierreichen Wälder ein neugotisches Wasserschloss, von dem nur noch der Wehrturm übrig ist. Eine der ältesten Urkunden der Stadt stammt aus dem Jahre 1264, in der Herzog Barnim I. „die Bürger, die in der Stadt verweilen", von jedem Zoll befreite. Weithin sichtbar ragen die Türme der beiden Backsteinkirchen St. Marien und St. Nikolai (beide 14. Jahrhundert) in den Himmel und verleihen dem Stadtgesicht eine charaktervolle Silhouette. Leider ist Anklam während des Zweiten Weltkrieges ein Opfer der Bomben geworden, siebzig Prozent der Bausubstanz wurden zerstört. Die Wunden schmerzen noch heute. Zu den Gebäuden, die überlebten, gehört das Steintor, seit 1989 Sitz des Regionalmuseums, in dem sich der bedeutendste Münzschatz Pommerns befindet. Ein anderes Museum ist dem größten Sohn der Stadt gewidmet, Otto Lilienthal.

Gelegen im Urstromtal der Peene, ist Anklam von unverbrauchter Natur umgeben. Mit Auwäldern auf moorigem Untergrund, mit Seeadlern, Fischottern und Biberburgen, Wikingergräbern, den Resten slawischer Burgen, idyllischen Gutsdörfern und Klosterruinen. 2010 erhielt diese – vielen unbekannte – vorpommersche Flusslandschaft den Europäischen Tourismus-Preis EDEN Award, mit dem das Konzept einer sanften, umweltverträglichen touristischen Nutzung der Natur mittels Elektrofahrrädern, Solar- und Paddelbooten gewürdigt wurde.

Hinter der Anklamer Eisenbahnbrücke öffnet sich die Peene zum Stettiner Haff. An diesem Binnenmeer liegt, idyllisch eingebettet zwischen Haffküste und der Ueckermünder Heide, die beschauliche Gründerzeitstadt Ueckermünde. Als ursprünglich slawischer Handelsplatz bekam sie um 1260 das Lübische Recht verliehen. Lange Zeit lebten die Bewohner vom Fischfang, vom Holzschiffbau und der christlichen Seefahrt. Mit der Entdeckung von Raseneisenerz entstanden zu Beginn des 19. Jahrhunderts mehrere Eisengießereien.

Am Ufer der Uecker thront das einzige in Deutschland noch (teilweise) erhaltene Schloss der Pommernherzöge. Philipp I. (1515–1560) ließ den vierflügeligen Renaissance-Bau 1546 anstelle einer mittelalterlichen Burganlage errichten. Heute befinden sich in dem Schloss das Haffmuseum und das Rathaus.

Direkt nebenan liegt der kleine Stadthafen. Ueckermünde ist die nordöstlichste (von der Ostsee aus zu erreichende) Hafenstadt Deutschlands. Besondere Bedeutung für die Entwicklung von Kommune und Tourismus hat die Nähe zu Polen. Während der Saison fahren mit schöner Regelmäßigkeit Ausflugsschiffe nach Stettin, Usedom und Swinemünde. Seit 1995 bietet ein komfortabler Yachthafen mit zwei Hafenbecken 400 Booten die Möglichkeit, Ueckermünde als Ankerplatz zu nutzen. Die alljährlich stattfindenden *Ueckermünder Hafftage* sind der kulturelle Höhepunkt im Leben der Stadt.

▲ Baumgruppen, Felder mit Mohnblumen und Sölle in sanft modellierter Landschaft – nicht nur wie hier zwischen Lassan und Wolgast bietet Vorpommern viel Natur von ihrer besonders schönen Seite.

Bei einem Bummel über den Markt sollten sich Kunstliebhaber den Besuch der 1753–1766 errichteten Marienkirche nicht entgehen lassen. Die Holzdecke ist komplett bemalt, mehrere Ölgemälde zeigen wichtige Persönlichkeiten aus der Zeit der Reformation. Das Taufbecken stand schon im 17. Jahrhundert am Platz, der prächtige Altar mit reichem Rokokodekor wurde 1961 restauriert.

Die Region, die zu den abgeschiedensten Deutschlands zählt, ist landschaftlich urwüchsig und schön. Sie wird geprägt von Wald, Wasser und einem hohen Freizeitwert. Zahlreiche Wanderwege, Möglichkeiten zum Angeln und zum Wassersport lassen keine Langeweile aufkommen.

An der Haffküste selbst siedeln zahlreiche typisch vorpommersche Fischerdörfer mit reetgedeckten Häusern. Betulich geht es in den kleinen Städten wie Strasburg, Eggesin oder Altwarp zu. Dass dem nicht immer so war, beweist ein Blick in die Geschichte der Stadt Torgelow. 1281 erstmalig erwähnt, war der Ort bis ins 15. Jahrhundert hinein Streitobjekt zwischen Brandenburgern und Pommern. Im Dreißigjährigen Krieg lag die Stadt noch weniger abseits des politischen Mächtespiels und musste das mit ihrer Zerstörung bezahlen. Die Schweden, zeitweilig Gebieter auch über Torgelow, bemühten sich um einen Wiederaufbau. Ihnen folgten die Preußen, die mit dem „Königlich Preußischen Eisenhüttenwerk" auch gleich die Industrialisierung mitbrachten – eine Tradition, die bis in die heutige Zeit weitergeführt wird: durch die bereits erwähnte, sich in der globalisierten Welt erfolgreich behauptende Eisengießerei. An eine Zeit, in der das Dorf meist schon die ganze Welt bedeutete, erinnert eine andere Sehenswürdigkeit: das Freilichtmuseum Ukranenland. Eine Hafenanlage sowie Block-, Bohlen- und Flechtwandhäuser des 9. und 10. Jahrhunderts wurden in Originalgröße rekonstruiert, sind nun Kulisse für historisches Handwerk, Ritter- und andere Feste.

Pasewalk, gelegen in der welligen Grundmoränenlandschaft der nördlichen Uckermark, zählt zu den ältesten Städten Vorpommerns. Die erste urkundliche Erwähnung stammt aus dem Jahre 1177, gegen 1250 erhielt Pasewalk am Mittellauf der Uecker Magdeburger Stadtrecht. Der Name soll übrigens vom slawischen „Posduwalk" abstammen, was zu gut Deutsch „Stadt des Wolfes" bedeutet. Aber keine Angst, Raubtiere auf vier Beinen sind schon lange nicht mehr in der einstigen Kaufmannssiedlung gesichtet worden. Von der ursprünglich 2 488 Meter langen und bis zu acht Metern hohen Stadtmauer mit ihren Toren, Türmen und Wiekhäusern sind trotz massiver Zerstörungen Ende des Zweiten Weltkrieges noch beachtliche Teile erhalten geblieben. So der Pulverturm, sein Pendant „Kiek in de Mark", das Wahrzeichen der Stadt, das Mühlentor und das Prenzlauer Tor, in dem sich seit 1996 das städtische Museum befindet. Es verfügt (neben Zeugnissen der 270-jährigen Garnisonsgeschichte) über die größte Sammlung des pommerschen Federzeichners Paul Holz (1883–1938). Die Galerie des Künstlers logiert im dritten Obergeschoss. Von hier hat man einen großartigen Blick über Stadt und Land. Zu den – nicht nur optisch – herausragenden Bauwerken Pasewalks zählen die Nikolaikirche, sie stammt in Teilen aus dem 13. Jahrhundert, und die Marienkirche (14. Jahrhundert), die zu den schönsten Hallenkirchen Norddeutschlands gehört.

Wenn die Kraniche ziehen

Es ist Herbst geworden in Vorpommern. Und mit dem Herbst kommen die Kraniche. Zug auf Zug schweben sie ein. Mit lauten Rufen und in langen Ketten. In und um Groß Mohrdorf an der vorpommerschen Boddenküste sammeln sie sich. Tagsüber suchen die schönen Vögel auf den abgeernteten Feldern der Umgebung nach Nahrung, um sich Fettreserven für den Weiterflug in die Überwinterungsgebiete in Südfrankreich und Spanien anzufressen. Nachts schlafen sie – sicher vor Feinden – im knietiefen Wasser des Bodden.

Der Kranichzug lockt jährlich viele Besucher in den Nationalpark Vorpommersche Boddenlandschaft. Der Schlafplatz am Großen Werder auf Zingst ist der größte Rastplatz der westeuropäischen Brutpopulation. 30 000 bis 40 000 Kraniche sind keine Seltenheit. Oft halten sich die Tiere wochenlang in der Region auf und warten auf eine schöne Hochdruckwetterlage. Niemand weiß zu sagen, wann die kommt und wer ihnen dann das Signal zum Aufbruch gibt. Eines schönen Morgens sind sie weg. Und der Winter steht vor der Tür. – Aber auch der ist schön in Vorpommern. Auf Deutschlands Sonnendeck. ■

▲ Die herbstlichen Kranichzüge sind ein beeindruckendes Naturschauspiel, das sich besonders auf dem Zingst sowie bei Barhöft und Groß Mohrdorf beobachten lässt.

Vorpommern – Freizeitland: Das Meer, Boddengewässer, Seen und Flüsse bieten ideale Segelreviere.

▲ Und wie hier bei Dierhagen laden zahlreiche Strände zum Entspannen ein.

▲ Der Nationalpark Vorpommersche Boddenlandschaft ist der größte seiner Art in Ostdeutschland.

▲ Ein markanter Bestandteil der vorpommerschen Küste sind die Dünen, wie hier auf dem Zingst.

▲ ▶ Ahrenshoop – mit den Häusern an der Steilküste, dem „Kunstkaten" sowie dem „Dornenhaus" – und das nahe Born: Die Halbinsel Fischland / Darß / Zingst ist auch wegen ihrer Reetdachhäuser sehr beliebt (von links nach rechts).

▲ Der Weststrand auf dem Darß bietet neben dem kilometerlangen Sandstrand weitere ungewöhnliche Naturbilder.

▲ Der Leuchtturm am Darßer Ort ist Teil des dortigen Natureums, Außenstandort des Deutschen Meeresmuseums.

▲ ▶ Nicht nur wie hier in Althagen und auf dem Saaler Bodden finden im Sommer Zeesbootregatten statt. Die Segelboote dienten früher vor allem dem Fischen in flachen Gewässern und waren damit besonders für die Bodden geeignet.

▲ Idylle unter weitem Himmel: Von Barnstorf schweift der Blick auf den Saaler Bodden.

▲ Auch tagsüber trifft man auf Kraniche. Besonders jedoch in der abendlichen Dämmerung sind die Vögel zu Tausenden zu beobachten, wenn sie im frühen Herbst ihre Schlafplätze zwischen Zingst und Hiddensee anfliegen.

▲ Das Zusammenspiel zwischen Wasser und Land ist besonders gut aus der Luft zu überschauen. Der Blick reicht von der Landzunge bei Barhöft (rechts) über die Insel Bock, die Südspitze der Insel Hiddensee bis zur Insel Rügen.

▲ Der Hafen der Stadt Barth ist in den letzten Jahren ausgebaut worden und dient insbesondere touristischen Zwecken.

◂ Das Zentrum von Barth bildet der Marktplatz einschließlich Marienkirche und dem 50 Jahre alten Brunnen mit den 3 Fischen, die sich auch im Stadtwappen finden.

▲ An vielen Orten in Vorpommern finden vom späten Frühjahr bis in den beginnenden Herbst Freiluftkonzerte statt – so auch auf dem Gelände des ehemaligen Klosters in Ribnitz.

◂ Ribnitz-Damgarten trägt seit 2008 offiziell den Beinamen Bernsteinstadt. Im ehemaligen Kloster in Ribnitz ist bereits seit über 50 Jahren das Deutsche Bernsteinmuseum beheimatet.

▲ ▶ In Vorpommern gibt es zahlreiche Anlaufpunkte für Familienausflüge. Der Vogelpark Marlow hat sich in den letzten Jahren zu einem der beliebtesten Ziele gemausert.

▲ Bad Sülze, ältestes Sol- und Moorbad Norddeutschlands, verkörpert einen wichtigen Aspekt Vorpommerns: Überall im Land finden sich moderne Gesundheits- und Kureinrichtungen.

▲ Tribsees, an der historischen Grenze zwischen Mecklenburg und Vorpommern gelegen, wurde nach der deutschen Vereinigung Modellstadt der Städtebauförderung.

▲ Die stählerne Meinigenbrücke, die für den Schiffsverkehr zur Seite gedreht werden kann, verbindet seit mittlerweile 100 Jahren den Zingst mit dem Festland und wird nun erneuert.

▲ Direkt an einer der größten Brücken Deutschlands, die seit 2007 die Insel Rügen mit dem Festland verbindet und den über 70 Jahre alten Rügendamm entlastet, befindet sich die Volkswerft Stralsund.

▲ Kaum eine Stadt hat so eine Panoramaansicht zu bieten wie Stralsund. Tradition, verkörpert durch die mittelalterlichen Backsteinbauten, verbindet sich mit Moderne, dem hell hervorleuchtenden Bau des 2008 eingeweihten Ozeaneums.

▲ ▶ Im Jahr 2002 wurde die Hansestadt Stralsund – zusammen mit Wismar – in die Welterbeliste der UNESCO aufgenommen. In den letzten Jahren konnten viele Gebäude restauriert werden, so auch die Fachwerkhäuser im ersten Innenhof des Johannisklosters und das Gelände beim früheren Heilgeistkloster.

Eines der schönsten Beispiele europäischer Städtebaukunst ist der Alte Markt in Stralsund, der von der Schaufassade des Alten Rathauses und der Nikolaikirche dominiert wird.

H. J. SCHWARTZ.
H. J. Z.

◂ Die Nikolaikirche in Stralsund ist ein herausragendes Beispiel der für den Ostseeraum typischen Backsteingotik. Eine umfassende, mittlerweile drei Jahrzehnte andauernde Restaurierung des Gotteshauses macht heute wieder das Erlebnis der Architekturfarbigkeit möglich, die auf die Zeit um 1350 zurückgeht.

Im ehemaligen Dominikanerkloster St. Katharinen in Stralsund ist das Deutsche Meeresmuseum beheimatet. Schon an der Stadtmauer weist unübersehbar ein Walskelett auf eines der spannendsten Museen Deutschlands hin.

▲ Zum Deutschen Meeresmuseum gehört auch das in einem futuristischen Bau untergebrachte Ozeaneum am Hafen. 2010 wurde es zu Europas Museum des Jahres gewählt. Bereits ein Jahr nach der Eröffnung konnte im Sommer 2009 der 1 000 000. Besucher registriert werden.

▲ ▶ Ein historisches Volksfest: Alljährlich wird mit den *Wallensteintagen* in Stralsund der erfolgreiche Widerstand gegen die Belagerung der kaiserlichen Truppen 1628 gefeiert.

▲ Gut 90 Jahre ist das am Olof-Palme-Platz liegende Große Haus des Theaters in Stralsund alt. Heute ist die Spielstätte Teil des Theaters Vorpommern.

▸ 10 Meter Höhe reichen beim Süderleuchtturm, der im flachen Südteil der Insel Hiddensee steht, um das Licht im weiten Umkreis von 360 Grad erstrahlen zu lassen.

▲ Eine Ikone unter den Leuchttürmen Europas: Auf dem Dornbusch wurde 1887/88 ein Leuchtturm errichtet, der längst auch zu den touristischen Kennmarken der Ostseeküste zählt.

Eine kleine Insel und viele Freizeitmöglichkeiten – Hiddensee bietet nicht nur Strand und Häfen, sondern mit dem Gerhart-Hauptmann-Haus (2. Bild von rechts) eine kulturelle Stätte hohen Ranges.

▲ Autoverkehr gibt es auf der Insel Hiddensee nicht. Dafür fahren Kutschen durch eine Landschaft, in der – wie in den letzten Jahren vermehrt in ganz Vorpommern – auch nachhaltige Landwirtschaft betrieben wird.

▲ ▶ Rügen ist die größte Insel Deutschlands – und eine, in der Geschichte lebendig erhalten wird. So zum Beispiel durch das aus der Jungsteinzeit stammende Hünengrab Riesenberg (links) bei Nobbin nahe Kap Arkona und durch das Hügelgräberfeld bei Patzig unweit von Bergen.

▲ Gleich zwei Leuchttürme überragen das Kap Arkona und warnen die Schifffahrt vor gefährlichen Untiefen (links). Einer der ältesten an der Ostseeküste ist der nach Entwürfen von Karl Friedrich Schinkel errichtete quadratische aus dem Jahr 1827. Nur wenige Kilometer vom Kap entfernt liegt das Fischerdorf Vitt (rechts).

◂ Alljährlich zieht es im Sommer hunderttausende Besucher zum erfolgreichsten Freilichttheater Deutschlands – zu den *Störtebeker-Festspielen* in Ralswiek auf Rügen, romantisch gelegen am Großen Jasmunder Bodden.

▲ In ganz Vorpommern finden sich Schlösser und Herrenhäuser, in denen man mittlerweile oft stilvoll übernachten kann – beispielsweise im nördlich von Bergen auf Rügen gelegenen Gut Kartzitz.

▲ Das Herrenhaus in Boldevitz nahe Bergen bietet nicht nur Ferienunterkünfte, sondern mit dem Landschaftspark und der Reitanlage weitere für die Region typische Freizeitmöglichkeiten.

▲ Sie sind zu Recht weltberühmt – die vielbesuchten Kreidefelsen im Nationalpark Jasmund auf Rügen. Das Kalkgestein hatte und hat für Rügen jedoch nicht nur touristische Bedeutung. Der Kreideabbau stellt weiterhin einen wichtigen Wirtschaftszweig dar.

▲ Bereits zum Ende des 19. Jahrhunderts gab es von Sassnitz aus internationale Fährverbindungen.
Heute hat der nahe Fährhafen Sassnitz Mukran diese Aufgabe übernommen.

▲ ▶ Der Fährhafen Sassnitz Mukran ist der größte Eisenbahnfährhafen Deutschlands. Von hier bestehen Verbindungen u.a. nach Dänemark, Schweden, Litauen und Russland. Auch Kreuzfahrtschiffe nutzen die Kaianlagen.

BLACK WATCH
BORNHOLMS TRAFIKKEN
SHOP

▲ ▶ Freizeitregion Vorpommern – auch die Insel Rügen bietet dafür viele Beispiele, so (von links) das Strandreiten nahe Schwarbe, das Flanieren auf der Promenade von Sassnitz, das Beobachten der Fischer am Strand von Binz oder ein Bad im Angesicht der Seebrücke von Sellin.

BIN 001

▲ Die Ostseebäder haben Vorpommern zu einer der beliebtesten Urlaubsregionen Deutschlands gemacht. So auch Göhren im Süden der Insel Rügen.

▲ Regelmäßig mit dem Intercity ist das Ostseebad Binz zu erreichen, das größte seiner Art auf der Insel Rügen.

▲ Innerhalb weniger Jahre haben sich die *Festspiele Mecklenburg-Vorpommern* zu einem weit über die Landesgrenzen hinaus bekannten sommerlichen Musikfestival entwickelt.

Auch im Marstall zu Putbus finden im Rahmen der Festspiele Konzerte statt, so hier mit der Harfinistin Charlotte Balzereit und den Wiener Mozartisten.

▲ Eines der ungewöhnlichsten Platzensemble Europas: Der Circus in Putbus macht noch heute den Residenzcharakter der kleinen Stadt auf der Insel Rügen offensichtlich.

▲ Schwindelfreiheit ist gefragt, wenn man über die gusseiserene Treppe den Turm des Jagdschlosses Granitz ersteigen will.

▲ Hat man den Turm des Jagdschlosses Granitz erklommen, bietet sich einem ein weiter Ausblick auf die Insel Rügen, auf Wälder, Rapsfelder und das nahe Meer.

▲ Seit 1895 dampft die Schmalspureisenbahn Rasender Roland über die Insel Rügen, und dies mittlerweile im Rahmen des öffentlichen Nahverkehrs.

▲ Durch eine Brücke ist Mecklenburg-Vorpommerns viertgrößte Insel Ummanz mit Rügen verbunden. Der Anbau von Raps prägt zunehmend auch diese Region Vorpommerns.

▲ Um 1280 wird der Baubeginn der Kirche von Gristow vermutet. Auf der nahen Insel Riems (Bildhintergrund) ist das Friedrich-Loeffler-Insitut, Bundesforschungsinstitut für Tiergesundheit beheimatet.

◂▴ Auf über 700 Jahre Geschichte kann die Stadt Grimmen zurückschauen. Das Rathaus, ein Backsteinbau aus dem 14. Jahrhundert, gehört zu den schönsten des Landes.

▲ Wie nirgends sonst in Deutschland prägen Alleen das Landschaftsbild in Vorpommern – so auch die aus Platanen und Eichen gebildete Allee zwischen Schwerinsburg und Löwitz südlich Anklam.

▲ Linden sind es, die bei Reinberg, südöstlich der Hansestadt Stralsund, eine der schönsten Alleen des Landes bilden – auch wenn sie nicht zur Deutschen Alleenstraße zählt, die auf der Insel Rügen ihren Anfang nimmt.

In Greifswald verbinden sich Tradition und Innovation offensichtlich. Die alte Hansestadt birgt nicht nur historische Ensemble wie hier am Marktplatz, sondern auch bedeutende Forschungszentren.

◂ Neben dem Rathaus sind es besonders die Bauten der Backsteingotik, die dem Markt in Greifswald sein nicht nur bei Touristen besonders beliebtes Gepräge geben.

▲ ▶ Die Ernst-Moritz-Arndt-Universität Greifswald – hier das Hauptgebäude am Rubenowplatz (linkes Bild) – zählt mit ihrem Gründungsjahr 1456 zu den ältesten Hochschulen Nordeuropas. Auch architektonisch eines der wichtigsten Museen des Landes ist das Pommersche Landesmuseum, bei dem auf faszinierende Weise historische Bausubstanz mit moderner Formensprache verbunden wurde.

▸ Das Max-Planck-Teilinstitut für Plasmaphysik Greifswald gehört zu den modernen Forschungszentren Vorpommerns mit internationaler Ausstrahlung – und bietet mit seiner Galerie auch Platz für Ausstellungen, zum Beispiel für Skulpturen von Thomas Radeloff.

▲ Futuristisch ist nicht nur die Architektur der Großen Halle in der neuen Universitätsbibliothek in Greifswald, sondern das gesamte 2001 eröffnete Ensemble.

▲ Greifswald-Wieck, an der Mündung des Ryck in den Greifswalder Bodden gelegen, steht für hohe Lebensqualität. Nicht nur während des Fischerfestes *Gaffelrigg* zieht es Einheimische und Besucher zur Klappbrücke, die mit dem Baujahr 1887 eine der ältesten funktionstüchtigen Anlagen dieser Art in Europa darstellt.

▲ Der Hafen von Greifswald war über viele Jahrhunderte eine der wirtschaftlichen Lebensadern der Hansestadt. Heute haben sich die Handelsströme auf andere Verkehrsträger verlagert. Dafür können hier nun viele historische Schiffe bewundert sowie Ausflugsfahrten auf dem Ryck Richtung Wieck und Greifswalder Bodden angetreten werden.

▲ ▶ Aus dem Musikleben Norddeutschlands nicht mehr wegzudenken: Auf eine bereits im Jahr 1980 geborene Idee einiger Greifswalder Studenten gehen die *Eldenaer Jazz Evenings* zurück, die mittlerweile jeden Sommer Tausende zu Konzerten in die weltberühmte Klosterruine ziehen.

JAZZ
EVENINGS

▲ ▶ Kulturregion Vorpommern – von den Aufführungen des Theaters Vorpommern bis zur *Opernale* (Seite 99, rechts), die auf dem Gelände von Schloss Griebenow bei Greifswald stattfindet, bieten sich über das ganze Land verteilt Möglichkeiten, Kunst und Kultur zu erleben.

▲ ▶ Für nachhaltigen Umgang mit der Natur steht der *Duft- und Tastgarten* in Papendorf bei Lassan. Hier lernt man, Pflanzen bewusst zu sehen, zu fühlen und zu riechen. Der Lassaner Winkel – rechts die weithin sichtbare Kirche St. Johannis der Stadt Lassan – zählt zu den sehr reizvollen und stillen Regionen in Vorpommern.

▲ Die Peene-Werft in Wolgast, seit 2010 durch den Zusammenschluss mit der Volkswerft Stralsund Teil der P+S Werften, ist seit über 60 Jahren einer der wichtigsten industriellen Arbeitgeber in Vorpommern.

▲ Seit 2001 verbindet eine neue Straßen- und Eisenbahnbrücke über den Peenestrom die Insel Usedom mit Wolgast und folglich dem Festland. Die moderne Klappbrücke gehörte zu den wichtigsten Infrastrukturmaßnahmen der letzten 20 Jahre in Vorpommern.

▲ Der nördliche Teil von Usedom aus der Luft. Die Insel mit ihren zahlreichen berühmten Seebädern und dem stillen Hinterland lebt besonders vom Tourismus, steht aber auch – da ihr südliches Ende auf polnischem Gebiet liegt – für das Zusammenwachsen der benachbarten Staaten.

▲ Die Insel Usedom ist berühmt für ihre Küsten – die östliche zur Ostsee, die westliche zum vergleichsweise ruhigen Achterwasser. Bei Lüttenort nahe Koserow kommen sich Achterwasser und Meer ganz nah, bildet das Land nur eine etwa 300 Meter breite Abtrennung.

▲ ▶ Sowohl Stille – wie im Hafen von Lüttenort am Achterwasser – als auch Dynamik sind an den Küsten Vorpommerns zu finden. Wind- und Kite-Surfen zählen zu den besonders beliebten Sportarten.

▲ Auf über 160 Jahre Badetourismus kann Zinnowitz zurückblicken. Wie die ganze Insel Usedom kommt das Seebad auf durchschnittlich über 1900 Sonnenstunden pro Jahr – und damit auf einen fast so hohen Wert wie die Insel Hiddensee, die deutschlandweit den Spitzenplatz einnimmt.

▲ ▶ Stille Liegewiesen am Achterwasser, quirliges Strandleben mit Ostseeblick, Spaziergänge am Meer und das Flanieren über eine der vielen Seebrücken, zum Beispiel die moderne von Heringsdorf – die Insel Usedom bietet diverse Möglichkeiten, sich zu entspannen.

HER.12
SEESCHWALBE

▲ In Heringsdorf auf Usedom befindet sich die älteste noch produzierende Strandkorbmanufaktur Deutschlands – wenig überraschend, dass auch an den nahen Stränden die Freizeitmöbel zu mieten sind.

▲ Das Ostseebad Bansin ist das nördlichste und jüngste der durch eine sieben Kilometer lange Strandpromenade miteinander verbundenen Kaiserbäder auf Usedom, zu denen auch Heringsdorf und Ahlbeck zählen.

▲ Usedoms berühmtestes Bauwerk ist die Seebrücke in Ahlbeck. 1898 erbaut, stellt sie die älteste ihrer Art in Deutschland dar. Die Gaststätte, Kulisse in Loriots Film „Pappa ante portas“, erhielt ihre heutige Gestalt in den 1930er Jahren.

▲ Bis zu 70 Meter breit ist der Sandstrand zwischen Ahlbeck und Bansin – und bietet somit genügend Platz für die zahlreichen Touristen, die nach ihrem ersten Besuch auf der Insel oft weitere folgen lassen.

▲ Die 1933 erbaute Eisenbahnhubbrücke Karnin bildete die wichtigste Verbindung der Insel Usedom mit dem Festland. Inzwischen gelten ihre Reste als technisches Denkmal von im wahrsten Sinne des Wortes herausragender Bedeutung.

▲ Heute verbindet die Zecheriner Brücke, die für den Schiffsverkehr teilweise hochgeklappt werden kann, den Süden Usedoms mit dem Festland bei Anklam. Eisenbahnverkehr auf die Insel ist jedoch allein über ihr nördliches Pendant in Wolgast möglich.

▲ Landwirtschaft prägt die Landschaft nicht nur um die 1243 erstmals urkundlich erwähnte Hansestadt Anklam. Die Weite und sanfte Formung des Peene-Urstromtals ist gleichfalls typisch für Vorpommern.

▲ Im Gegensatz zu vielen kanalisierten Flüssen in Deutschland bietet sich der Peene auch bei Hochwasser genügend Raum. So ist Anklam, hier mit der Marienkirche, auf natürliche Weise vor großen Überflutungen geschützt.

▲ Der berühmteste Sohn Anklams ist zugleich einer der berühmtesten ganz Deutschlands: der Flugpionier Otto Lilienthal. Vor der Marienkirche erinnert ein Denkmal an ihn.

▲ In der teilweise wiederaufgebauten Nikolaikirche zu Anklam finden Konzerte, Vorträge und Ausstellungen statt – naheliegend auch solche zum Thema Fliegen.

▲ ▶ Zu den schönsten Schloss- und Parkanlagen Vorpommerns gehören die von Neetzow (oben) und Zinzow (rechts).

▲ Wie in vielen Orten der Region sanierte man auch in Pasewalk den Stadtkern um die Marienkirche in den letzten 20 Jahren grundlegend. Erstmals urkundlich erwähnt wurde die an der Uecker gelegene Stadt im Jahr 1276.

◂ Von langer Geschichte zeugende Reste alter Stadtmauern finden sich in vielen Städten Vorpommerns – darunter zahlreiche Tore und Wehrtürme. Der „Kiek in de Mark“ in Pasewalk ist über 500 Jahre alt – und bietet doch Platz für neues Leben.

▲ ▶ Anschauliche Erinnerung an die frühen Zeiten der Besiedlung – das Castrum Turglowe und das Ukranenland. Das Freilichtmuseum mit seinen historischen Werkstätten und den alljährlich stattfindenden Festen wie auch der nach neuen Forschungsergebnissen rekonstruierte Hafen des 9. und 10. Jahrhunderts zählen zu den großen Sehenswürdigkeiten nicht nur Torgelows.

▲ ▶ Ueckermünde bietet nicht nur einen reizvollen Hafen und das als Rathaus sowie Museum genutzte Schloss (Bild links), sondern durch die Lage am Stettiner Haff (Bild rechts) auch viele Freizeitmöglichkeiten: zum Beispiel das Haffbad nahe der durch einen Leuchtturm gesicherten Ueckermündung (Bilder Mitte).

5
10

▲ Die langsam dahinfließende Randow bei Eggesin weist oft idyllische Ufer auf. Vieh- und Landwirtschaft wird in dieser Region zunehmend unter ökologischen Gesichtspunkten betrieben.

▲ Das Stettiner Haff, durch das die Grenze zwischen Deutschland und Polen verläuft, ist das zweitgrößte Haff der Ostsee. An seinem Südufer beginnt der sich ins Binnenland erstreckende Naturpark Am Stettiner Haff.

◂ Neben der Uecker eignet sich besonders die Peene – wie hier bei Stolpe – für Paddeltouren.

Verlag und Autoren danken der Wirtschaftsfördergesellschaft Vorpommern, auf deren Initiative hin das vorliegende Buch entstehen konnte.

Des Weiteren sei dem Landesmarketing Mecklenburg-Vorpommern, der Sparkasse Vorpommern, der Sparkasse Rügen, der Förder- und Entwicklungsgesellschaft Uecker Region und dem Theater Vorpommern für die Unterstützung des Buchprojektes gedankt.

www.invest-in-vorpommern.de
www.mv-tut-gut.de
www.sparkasse-vorpommern.de
www.sparkasse-ruegen.de
www.feg-vorpommern.de
www.theater-vorpommern.de

WFG VORPOMMERN

Mecklenburg Vorpommern
MV tut gut.

Sparkasse Vorpommern
Offizieller Sponsor der Wirtschaftsfördergesellschaft Vorpommern mbH

Sparkasse Rügen

Uecker Region

THEATER VORPOMMERN
STRALSUND - GREIFSWALD - PUTBUS

Die Deutsche Nationalbibliothek verzeichnet diese Publikation in der Deutschen Nationalbibliografie; detaillierte bibliografische Daten sind im Internet über http://dnb.ddb.de abrufbar.

www.hinstorff.de

1. Auflage 2011
Herstellung: Hinstorff Verlag GmbH
Lektorat: Thomas Gallien
Titelgestaltung und Layout: Beatrix Dedek
Karte: Stefan Jarmer
Bildunterschriften: Thomas Gallien
Druck: optimal media GmbH
Printed in Germany
ISBN 978-3-356-01448-8

Bildnachweis:
Eisengießerei Torgelow: Seite 8
Theater Vorpommern: Seiten 21, 98, 99 (links)
Alle anderen Aufnahmen: Thomas Grundner (www.foto-grundner.de)

Cover: Strand und Seebrücke von Sellin, Insel Rügen (oben). Rathaus und Nikolaikirche in Stralsund; Insel Hiddensee; Museumshafen von Greifswald (unten von links nach rechts)

Seite 1: Segelschiff „Vorpommern“ während des traditionellen Fischerfestes *Gaffelrigg* in Greifswald-Wieck

Seiten 2/3: Blick vom Swantiberg auf der Insel Hiddensee

Rückcover: Greifswald